우주쓰레기

와이즈만 환경과학 그림책은 우리 환경, 푸른 지구를 지켜 나가는 길을 함께 찾아가는 시리즈입니다.

와이즈만 환경과학 그림책❶
우주 쓰레기

초판 1쇄 발행 | 2013년 4월 4일
초판 11쇄 발행 | 2024년 5월 10일

고나영 글 | 김은경 그림 | 와이즈만 영재교육연구소 감수 | 김해동 추천
발행처 | 와이즈만 BOOKs
발행인 | 염만숙
출판사업본부장 | 김현정
편집 | 원선희 양다운 이지웅
디자인 | 디자인 PURE
마케팅 | 강윤현 백미영 장하라
출판등록 | 1998년 7월 23일 제1998-000170
제조국 | 대한민국
사용 연령 | 6세 이상
주소 | 서울특별시 서초구 남부순환로 2219 나노빌딩 5층
전화 | 마케팅 02-3474-8987 편집 02-2033-8928
팩스 | 02-3474-1411
전자우편 | books@askwhy.co.kr
홈페이지 | mindalive.co.kr

저작권자ⓒ 2013 고나영 김은경
이 책의 저작권은 고나영 김은경에게 있습니다.
저자와 출판사의 허락 없이 내용의 일부를 인용하거나 발췌하는 것을 금합니다.

* 와이즈만 BOOKs는 (주)창의와탐구의 출판 브랜드입니다.
* 잘못된 책은 구입처에서 바꿔 드립니다.

우주쓰레기

고나영 글 | 김은경 그림 | 와이즈만 영재교육연구소 감수
김해동(한국항공우주연구원 박사) 추천

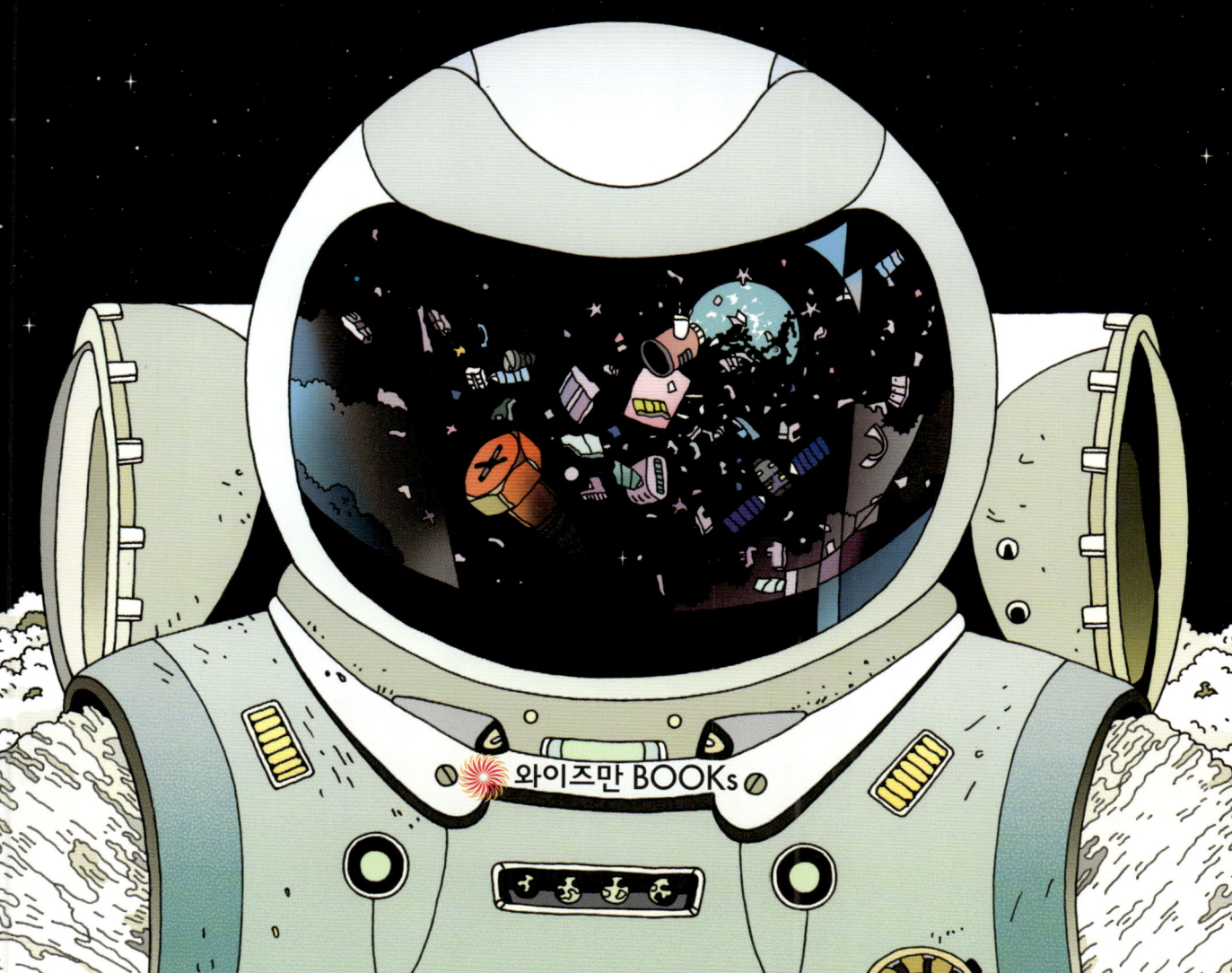

와이즈만 BOOKs

우주여행을 마음껏 떠날 수 있는 미래를 상상해 봐.

생각만 해도 가슴이 두근두근!

그런데 과학 기술이 발달할수록 문제가 생긴다는데…….

그게 과연 무엇일까?

우리 함께 미래로 떠나 볼까?

2200년 대한민국, 서울

국제 우주 정거장에 긴급 대피 명령이 떨어졌어.
빨간 비상등에 불이 들어오고 우주인들은 바짝 긴장했지.
국제 우주 정거장의 레이더망에 잡힌 물체는
부서진 인공위성 파편이야.
'우주 쓰레기'라고도 하지.
야구공만 한 크기지만 마음 놓아서는 안 돼!
국제 우주 정거장에 부딪혀 구멍이라도 낸다면
우주인들의 목숨이 위태로울 수도 있거든.

긴급 상황이다! 비상! 우주 쓰레기가 떨어진다.

휴, 정말 다행이야. 우주 쓰레기가 비켜 갔어.
지구에 쓰레기가 넘쳐나는 것도 모자라 이젠 우주에까지 쓰레기 천지라니…….
정말 걱정스럽지?
아, 잠깐! 내가 누구냐고?
내 이름은 김우주. 이곳에서 인공위성 파편들을 치우는 일을 하고 있지.
음, 말하자면 우주 청소부라고 할까?

안녕, 친구들.
여기는 내가 일하는
'우주 파편 처리 부서'야.
우주 파편은
우주 쓰레기라고도 하지.

우주 정거장

지구 주위의 궤도를 도는 인공위성으로 크기가 축구장만 하다. 보통 6~7명의 우주 비행사나 연구자가 머물면서 다양한 실험이나 관측을 하며 우주를 연구하는 곳이다. 우주인들은 이곳에서 1년 365일 동안 생활할 수 있는데, 보통 6개월마다 지구인들이 우주 왕복선에 필요한 물건들을 싣고 찾아온다. 먼저 온 우주인은 이때 온 사람과 교대하고 지구로 돌아가게 된다.

이 많은 것들이 다 쓰레기냐고?
맞아.
우주 쓰레기는 한마디로 말해서
우주를 떠도는 모든 인공 물체거든.
부서진 인공위성 조각이나, 로켓 발사 후 버려진 연료통,
수명이 다한 인공위성에서 떨어진 볼트나 너트,
인공위성끼리 부딪혀 생긴 조각까지
모두 우주 쓰레기가 돼.
우주인이 우주 정거장을 수리하다 떨어뜨린 장갑도 마찬가지야.

그런데 왜 우주 쓰레기는 아래로 떨어지지 않고 떠다닐까?
그건 우주에 공기가 없고 중력도 없기 때문이야.
공기는 알겠는데, 중력은 뭐냐고?
지구가 물체를 지구 중심으로 잡아당기는 힘이야.
우주에서는 그 힘이 미치지 않으니까 쓰레기도 사람도 둥둥 떠다니는 거야.

지구 가까이에 있을 때는 중력이 세지고,
지구에서 멀어지면 그 힘이 점점 약해져.
그래서 로켓을 타고 지구에서 멀리 벗어나면 중력을 거의 받지 않지.
국제 우주 정거장은 고도 350킬로미터에서 총알보다 열 배나
빠른 속도로 하루에 열다섯 바퀴씩 지구 주위를 돌아.
왜 돌고 있냐고?
그렇지 않으면 지구가 잡아당기는 중력에 의해
지구로 떨어지기 때문이야.
그건 인공위성도 마찬가지야.

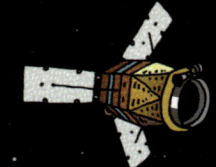

이곳에는 지구의 중력이 미치지 않아 둥둥 떠다니지.

하지만 조심해야 해. 지구와 멀어져서 다른 별에 가까이 가면, 그 별의 중력을 받기 때문이야. 그 별로 끌려 들어갈지도 모르니까 말이야.

인공위성이 뭐냐고?
인공위성이란 지구에서 우주로 쏘아올린 물체인데, 지구 주위를 돌면서
우주 관측, 통신 중계, 대기 분석 등 여러 가지 일을 해.
길을 잃고 헤맬 때 스마트폰으로 길을 찾을 수 있고,
운전을 하면서 지름길을 찾아갈 수 있으며, 날씨를 미리 알 수 있고,
멀리 있는 친구와 전화할 수 있는 것도 모두 인공위성 덕분이야.
하지만 인공위성을 쏘아 올리면서 우주 쓰레기가 생기기 시작했어.

위치 항법 장치(GPS) 인공위성을 이용해 비행기, 자동차, 배 또는 자신의 위치를 정확히 알 수 있는 시스템
내비게이션(Navigation) 지도를 보여 주거나 지름길을 찾아 주어 자동차 운전을 돕는 장치

인공위성에 대해 좀 더 자세히 알아볼까?

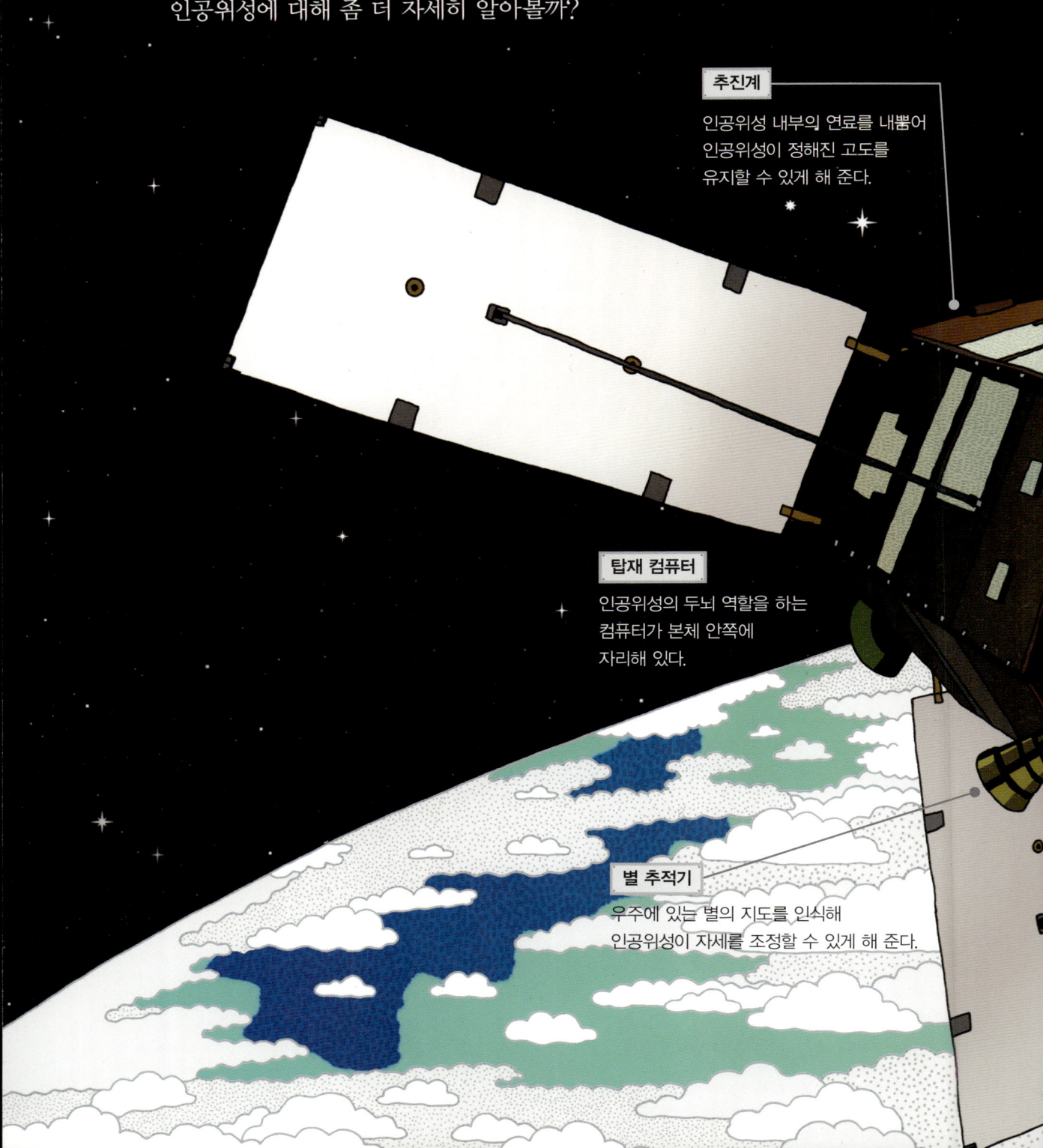

추진계
인공위성 내부의 연료를 내뿜어 인공위성이 정해진 고도를 유지할 수 있게 해 준다.

탑재 컴퓨터
인공위성의 두뇌 역할을 하는 컴퓨터가 본체 안쪽에 자리해 있다.

별 추적기
우주에 있는 별의 지도를 인식해 인공위성이 자세를 조정할 수 있게 해 준다.

1957년 러시아에서 세계 최초로 인공위성을 발사한 이후,
세계 여러 나라에서 앞다투어 인공위성을 발사했어.
그리고 시간이 흐르면서 인공위성도 수명을 다했지.
우리가 쓰는 냉장고나 세탁기에 수명이 있듯이
인공위성도 그 쓰임을 다하게 되면
연료도 떨어지고 부품들이 망가져서 우주 쓰레기가 되는 거란다.
그렇게 우주를 떠돌고 있지.

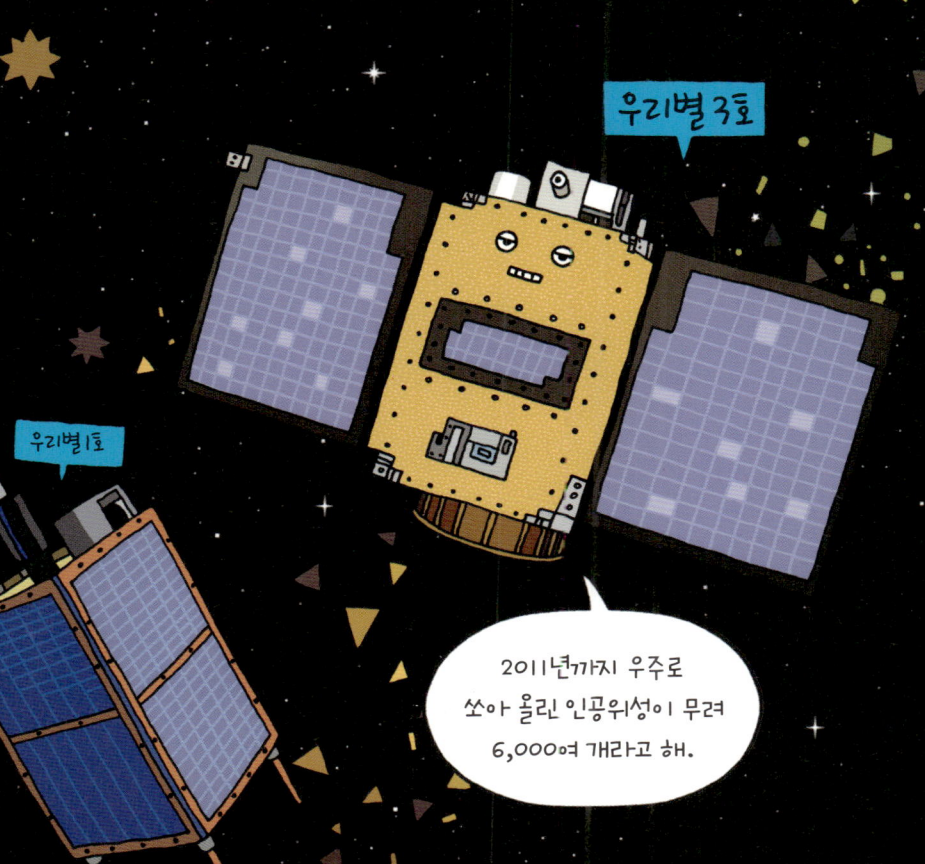

인공위성

우주로 발사된 세계 최초의 인공위성은 스푸트니크 1호다. 그 다음 해인 1958년에 스푸트니크 2호가 발사되었는데, '라이카'라는 강아지를 태워 보냈다. 대한민국은 1992년 8월에 우리별 1호를 발사한 뒤 2013년 1월에는 대한민국의 우주 기지에서 나로호 위성의 발사에 성공했다.

우주를 떠도는 쓰레기는 주로 저궤도에 몰려 있어.
저궤도는 지구와 가까운 곳이라서 각종 지구 관측 위성들이
많이 있는 곳이지.
그러다 보니 고장 난 위성들끼리 부딪쳐 우주 쓰레기도 많이 생겨나.
고궤도에 있던 인공위성들도 수명이 다하면 아주 천천히 저궤도로 떨어져.
그래서 나 같은 우주 청소부들이 저궤도에서 바쁘게 움직여야 해.

우주 쓰레기가 지구로 떨어지는 데 걸리는 시간은 인공위성의 고도에 따라 달라.

우주 청소는 어떻게 할까? 빗자루로 싹싹 쓸어 담느냐고?
아니야, 우주 쓰레기는 지구에 있는 쓰레기와 달라서
치우는 데 특별한 기술과 장비가 필요해.
자, 우주 쓰레기를 청소하는 장비들을 소개할게.

우주 쓰레기를 치울 때에는 늘 긴장이 돼.
우주 쓰레기는 속도가 무척 빨라서
잘못하면 사람도 청소 장비도 산산조각날 수 있거든.
실제로 태양 관측 위성 솔라맥스는
우주 쓰레기에 부딪혀서 구멍이 숭숭 나기도 했어.
그래서 우주 청소부는 아무리 작은 우주 쓰레기도 정면으로 맞서지 않아.
지구 대기권으로 던져 버리거나 날아오는 방향을 바꿔서
먼 우주로 날려 보내지.

솔라맥스(Solar Max) 우주 쓰레기와의 충돌로 고장이 나 있던 것을 1984년 우주왕복선이 다가가 우주에서 수리에 성공했다.

최첨단의 청소 장비들이 연구되고 개발되고 있지만 우주를 청소하는 일은 여전히 쉽지 않아.

그 넓은 우주에 쓰레기가 좀 있으면 어떠냐고?
아주 작은 조각 하나가 우주 왕복선 창문에 금을 냈던 적이 있어.
그뿐인 줄 아니?
우주인이 실수로 놓친 작업 도구 때문에 국제 우주 정거장과
우주 왕복선의 궤도가 수정된 적도 있었지.
크든 작든 우주 쓰레기는 우주에서 일하는 인공위성들에게
아주 위험해.

우주 쓰레기 문제가 나와는 상관없는 이야기 같지만
가장 큰 피해를 입는 것은 바로 사람이야.
언젠가 중국에서 갑자기 텔레비전이 안 나온 적이 있었는데
방송 위성이 우주 쓰레기에 부딪혀 고장을 일으킨 게 문제였어.
영국에서는 우주 쓰레기가 지붕을 뚫고 떨어져
거실에 있던 일가족이 대피하는 일도 있었어.
그뿐만이 아니야.
어떤 여자는 하늘에서 떨어진 물체에 어깨를 심하게 다쳤는데
알고 보았더니 우주 쓰레기였어.
우주 쓰레기가 위험한 이유는 또 있어.
우주 쓰레기는 모두 방사능에 오염되어 있거든.
지구와 달리 대기권 바깥의 우주에는
방사능 입자가 많아.
방사능은 우리 몸에 나쁜 병을 일으키기
때문에 만지거나 가까이 하면 위험하지.
그래서 우주 쓰레기를 관리하고
치우는 일이 필요한 거야.

방사능 불안정한 원소의 원자핵이 스스로 분리하면서
내부로부터 방사선을 방출하는데, 이 방사선의 세기를
방사능이라 한다.

달에 첫발을 내디딘 닐 암스트롱을 기억하니?
요즘 달에는 닐 암스트롱이 버리고 간 쓰레기를 보러
지구에서 많은 사람들이 몰려온단다. 우주 택시를 타고 말이야.
구경하고 가는 것은 좋은데 지구에서 가져온 쓰레기를
슬쩍 버리고 가는 얌체들이 있어서 나 같은 우주 청소부들이 힘들어졌어.
달에 있는 쓰레기까지 치워야 하니까.

닐 암스트롱 1969년 7월 20일 아폴로 11호를 타고 인류 역사상 최초로 달에 착륙한 미국의 우주 비행사

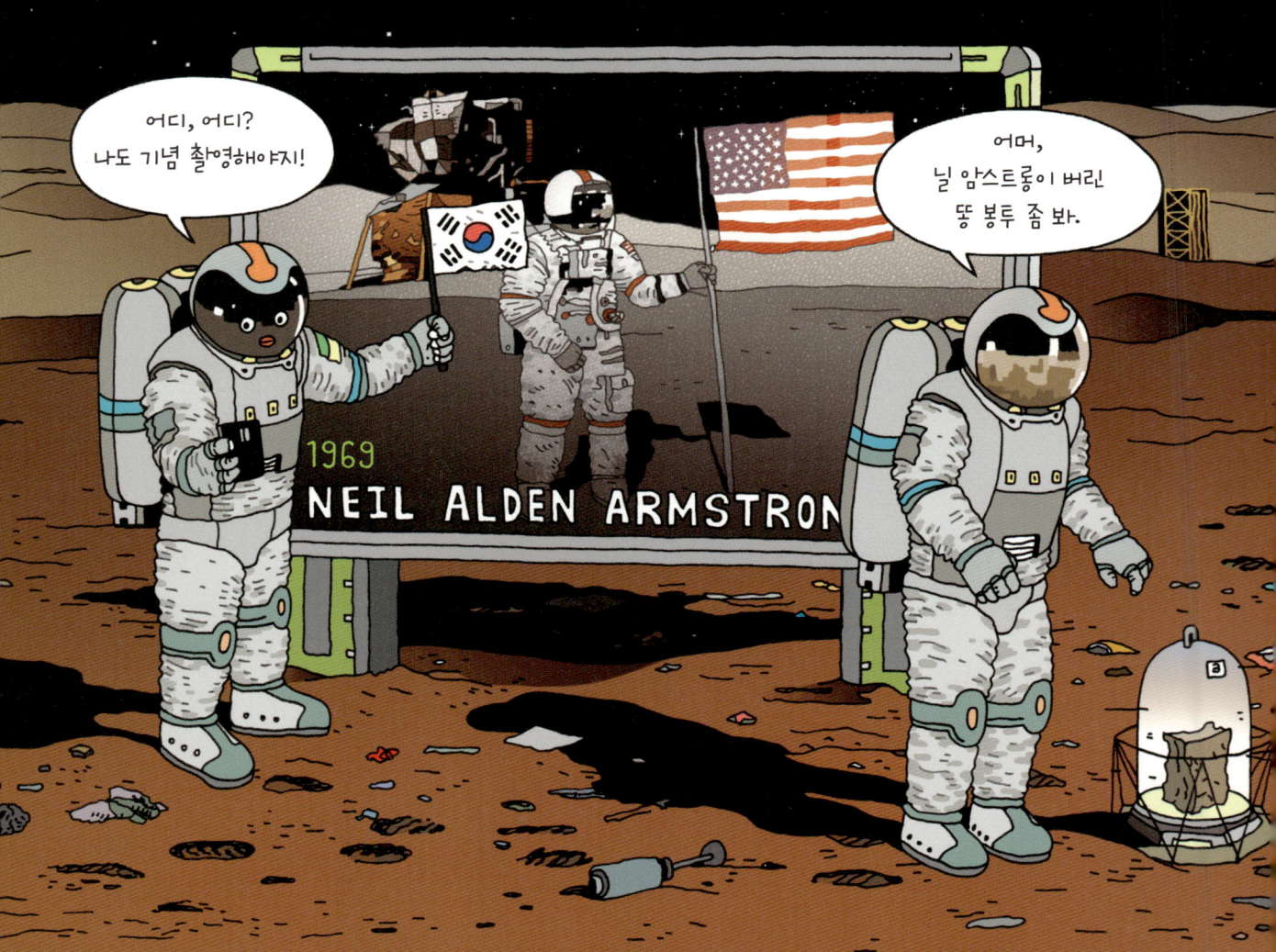

앗, 큰일 났어!
우주 정거장에 사이렌이 날카롭게 울려 퍼져.
무인 우주선 스페이스 터틀 3호가 도킹하다가 실패하고 말았어.

도킹 인공위성, 우주선 따위가 우주 공간에서 서로 결합하는 일

이제 어떻게 치울지 고민해야 해.
그리고 지구로 빨리 연락해 주어야 하지.
우리의 판단에 따라 청소 장비가 달라지거든.

과학자들의 노력으로 우주 쓰레기 청소가 시작되었지만
모든 문제가 해결된 건 아니야.
과학 기술이 발전할수록 우주 개발은 더 활발해질 거고
인공위성과 로켓은 물론,
우주에서 사용하는 물건들이 점점 더 늘어날 거야.
시간이 갈수록 우주 쓰레기는 계속 늘어나겠지.
그럼 머지않아 지구의 지붕이 쓰레기로 가득하게 될지도 몰라.

쓰레기로 뒤덮인 지구라니……. 생각만 해도 정말 끔찍한걸.

그런 일이 일어나지 않으려면 어떻게 해야 할까?

인공위성을 쏘지 않으면 될까?

우주 탐사나 우주 개발을 하지 않으면 될까?

인공위성이 없어도 불편하지 않게 살 수 있을까?

인공위성 없는 세상에서 우리가 살 수 있을까?

너희들은 어떻게 생각하니?

우리 함께 고민해 볼까?

깊이 생각해 보면 우주를 깨끗하게 만드는 길을 찾게 될 거야.

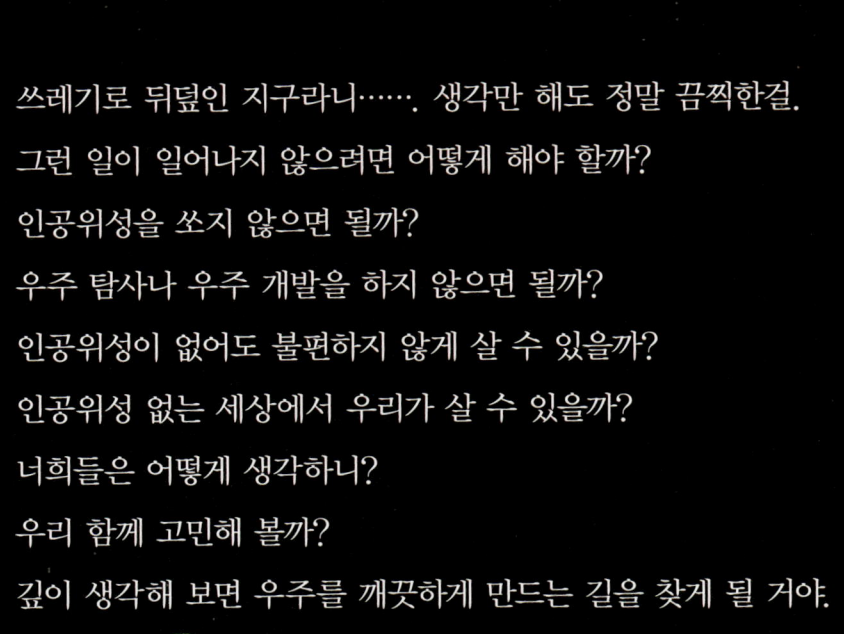

박사님! 궁금해요, 궁금해!

김해동 박사 (한국항공우주연구원)

우주 쓰레기가 뭐예요?

우주 쓰레기는 우주에서 버려진 쓸모없는 모든 인공 물체를 말해요. 현재 지구에서 쏘아 올린 인공위성은 7,000여 개인데요. 이 중 3,500여 개는 대기 저항력 등으로 고도가 낮아져 다시 대기권으로 진입하는 과정에서 마찰열 때문에 사라졌고요. 나머지 3,500여 개는 우주를 떠돌고 있어요. 인공위성을 쏘아 올릴 때 사용된 로켓의 몸체 일부도 인공위성들과 함께 우주 공간을 떠돌고 있지요. 그런데 이들이 지구 주위를 돌면서 서로 부딪혀 크고 작은 부스러기들이 생겨나는데, 이것이 바로 우주 쓰레기예요. 부스러기는 지름이 몇 밀리미터도 안 되는 것부터 10센티미터가 넘는 것까지 아주 다양해요. 이 중 지름이 10센티미터가 넘는 우주의 인공 물체

는 우주 감시 시스템이 추적하고 관측할 수 있는데, 현재 파악된 것은 22,000여 개에 이르러요. 하지만 지름이 1센티미터가 넘는 것은 60여 만 개 정도이고, 그보다 작은 것까지 포함하면 수백만 개가 될 거예요. 우주 쓰레기, 정말 많지요?

우주 쓰레기 문제가 중요하게 된 사건이 있나요?

미국 NASA(항공 우주국)의 과학자 도널드 케슬러(Donald J. Kessler)는 1978년에 우주 쓰레기가 아주 많이 늘어나 지구 궤도 전체를 뒤덮을 것이라고 주장했어요. 케슬러는 우주 쓰레기 때문에 인류의 우주 탐사가 방해를 받고, 우주 쓰레기들끼리 충돌하면서 더 많은 우주 쓰레기가 생겨날 거라고 보았지요. 그로부터 30여 년이 흐른 지금도, 전 세계는 1년에 약 100개 가까운 인공위성을 우주로 쏘아 올리고 있습니다. 케슬러가 경고한 대로 우주 쓰레기가 엄청나게 증가했겠지요?
그런데 지난 2009년 큰 사건이 하나 일어났어요. 미국과 러시아의 인공위성이 우주에서 충돌했던 거예요. 이 사건 때문에 우주 쓰레기를 적극적으로 없애기 위한 연구가 활발하게 이루어졌어요. 또한 각 나라들이 인공위성의 안전을 되돌아보고 점검하게 되었지요.

우주 쓰레기는 어떻게 확인하나요?

우주 쓰레기는 지구에 있는 광학 카메라와 레이더를 이용해서 확인할 수 있어요. 또 우주 감시용 인공위성을 통해서도 확인할 수 있지요.
하지만 그 크기가 너무 작으면 확인하기 어려운데 고도 2,000킬로미터까지는 적어도 5~10센티미터는 되어야 확인할 수 있어요. 2,000킬로미터 이상 올라가면 약 1미터 이상이 되어야 확인할 수 있답니다.

우주 쓰레기는 어떻게 처리하나요?

과학자들은 우주 쓰레기를 처리하기 위해 그물망, 풍선, 돛의 기능을 할 수 있는 장치를 달아 청소 로봇 위성을 만들었어요. 하지만 아직 기술적으로는 어려움이 많고, 비용도 많이 들기 때문에 현재는 활용하지 못하고 있어요. 하지만 미래에 과학 기술이 더욱 발전하면 적은 비용으로 우주 쓰레기를 처리할 수 있고, 우주 탐사를 하는 데 위협받거나 사고를 겪지 않아도 될 거예요.

우주 쓰레기 문제에 왜 관심을 가져야 하나요?

우주 쓰레기 문제도 지구의 환경 오염 문제와 똑같아요. 너도나도 쓰레기를 버리기만 하고 치우지 않으면 환경 오염이 심각해질 뿐만 아니라 쓰레기를 치우는 데 큰 비용이 들게 되잖아요? 우주 쓰레기도 계속 버리기만 하고 치우지 않으면 나중에 더 많은 비용을 들여야 할 거예요. 아름답고 푸른 지구를 보존하고, 인류의 발전에 필요한 우주 탐사를 안전하게 하기 위해서라도 우주 쓰레기 문제에 많은 관심을 기울여야 하겠지요?

글 작가의 말

누가 우주에 쓰레기를 버렸을까?

　새벽 길을 걸어 본 적이 있니? 세상이 아직 눈 뜨지 않은 새벽은 참으로 고요하고 신비로워. 나는 어릴 때 우주도 이런 새벽과 비슷할 거라고 생각했단다. 그런데 어느 날 '우주 교통사고'라는 신문 기사를 보게 되었어. 나는 큰 충격을 받았지. 우주에서도 교통사고가 일어난다는 걸 상상할 수 없었거든. '누가 어쩌다가 사고를 냈을까? 우주에서는 어떻게 교통사고를 수습할까?' 우주에 대한 질문이 꼬리에 꼬리를 물고 이어졌어. 다행히 내 곁에는 인공위성을 만드는 남편이 있어서 궁금증을 하나둘 풀 수 있었지. 덕분에 우리 가족은 우주에 대한 불편한 진실도 알게 되었단다. 지구에 쓰레기가 넘쳐나는 것도 모자라 이제는 인공위성 때문에 우주까지 쓰레기로 오염되어 있다는 사실을 말이야.
　그러면 인공위성을 없애야만 할까? 사람들은 과연 깨끗한 우주를 위해 자신의 불편함을 참아 낼 수 있을까?
　과학의 눈부신 발전은 인류에게 많은 혜택을 가져다 주었지만, 이제 우리는 아름다운 지구와 깨끗한 우주를 지키기 위해 진지하게 고민해야 할 때가 온 것 같아.
　나는 너희들의 맑은 눈동자처럼 깨끗한 우주를 꿈꿔 본단다.

고나영

그림 작가의 말

내가 버린 쓰레기가 다시 내게로

   전 세계가 매일매일 쏟아 내는 쓰레기 때문에 지구가 시름시름 앓고 있어. 그런데도 우리는 너무나 쉽게 쓰레기를 버리지. 왜일까? 아마도 쓰레기가 눈앞에서 쉽게 치워지기 때문이 아닐까? 만약 우주 쓰레기처럼 썩지도 않고 절대 사라지지 않는다면 지금처럼 쉽게 쓰레기를 버릴 수 있을까?

   우주 쓰레기는 절대 사라지지 않는데다 아주 작은 조각끼리 약간 스치기만 해도 무시무시한 위험을 일으킨다고 해. 그래서 과학자들은 엄청난 비용과 노력을 들이면서 우주 쓰레기를 청소하는 도구들을 연구하고 개발하고 있단다. 머지않은 미래에 우주 쓰레기를 치우는 청소부들도 생겨나겠지?

   청소부도 꼭 필요하지만 우리 모두가 깨끗한 지구를 만들기 위해 쓰레기 문제에 관심을 가지고 줄이는 노력을 하는 게 가장 중요해. 그러면 지구의 쓰레기 문제가 꼭 나아질 거라 믿어.

   혹시 미래에 암스트롱의 흔적을 보러 달에 가게 된다면 절대로 쓰레기를 버리지 말자. 우주에서 무심코 버린 쓰레기가 어느 날 우리 집 지붕으로 떨어질 수도 있으니까 말이야. 알았지?

김은경

글 고나영

대학에서 문예창작을 공부하였고, 오랫동안 방송 작가로 활동했습니다.
그 후 어린이책작가교실에서 어린이 책 글쓰기와 동화 창작을 배웠습니다.
지금은 과학의 도시 대전에 살면서 어린이를 위해 쉽고 재미있는 과학 도서를 쓰기 위해 노력하고 있습니다.

그림 김은경

서울시립대학교 시각디자인과를 졸업하고 일러스트레이터로 활동하고 있습니다. 다양한 매체에 작품을 선보이고 있으며, 마음이 즐거워지는 그림책을 만들고 있습니다.

감수 와이즈만 영재교육연구소

즐거움과 깨달음, 감동이 있는 교육 문화를 창조한다는 사명으로 우리나라의 수학, 과학 영재교육을 주도하면서 창의 영재수학과 창의 영재과학 교재 및 프로그램을 개발했습니다. 구성주의 이론에 입각한 교수학습 이론과 창의성 이론 및 선진 교육 이론 연구 등에도 전념하고 있습니다. 국내 최고의 사설 영재교육 기관인 와이즈만 영재교육에 교육 콘텐츠를 제공하고 교사 교육을 담당하고 있습니다. 이 책은 서지은 연구원이 감수했습니다.

추천 김해동

한국과학기술원(KAIST)에서 항공우주공학 박사 학위를 받았습니다. 2000년부터 한국항공우주연구원에서 아리랑위성과 천리안위성 관제 시스템 개발 및 운영에 참여했고, 현재 우주 쓰레기 관련 국가연구 과제의 책임자를 맡고 있습니다.